(Cette introduction tient lieu de **Prospectus** pour les ouvrages de B. Alciator, dont la liste *et le prix franco par la poste* se trouvent aux deux dernières pages.)

INTRODUCTION

à la Lettre d'un Libre Penseur qui raisonne, et Réponse au Rédacteur du Citoyen, Mr Horace Lours, qui injurie, et ne raisonne pas.

> Vous jouez, Nonotte, un indigne rôlet.
>
> (*Voltaire*).

L'introduction qu'on va lire a pour but de prouver : 1° que les dires du pieux journal le *Citoyen* sont moins que jamais paroles d'Evangile, puisque nous ne sommes pas le seul qui protestions contre ses critiques sans conscience et ses calomnies sans scrupule ; 2° que la *Nouvelle Atala* et *Daïla*, dont nous donnons deux fragments, peuvent fort bien se passer de l'approbation d'un savant et honnête Aristarque, tel que M. Horace Lours, et qu'elles ont un titre de plus à l'estime des gens de goût, depuis que leur auteur est l'objet du dénigrement et des invectives de cet aimable et doux Nonotte.

I.

Cette feuille cléricale qui prend le titre de *Citoyen*, *Journal du Peuple*, pourrait fort bien s'intituler *Journal du Pape*, — ce qui n'est pas tout-à-fait la même chose.

M. Horace Lours publie dans le numéro du 21 novembre 1875 une seconde diatribe, plus déloyale encore que la première : il affirme que nous sommes l'auteur des quelques lignes bienveillantes qui précèdent nos vers à son adresse dans l'*Echo de Marseille* de ce jour, et il en retranche le mot *anti-clérical*, qui est à nos yeux le plus bel éloge ; il pousse même la déloyauté jusqu'à nous supposer le désir d'avoir la recommandation de son journal pour nos œuvres, lui qui cherche à les faire croire détestables, — et pourquoi ? Parce que nous avons écrit la *Lettre d'un libre penseur* : oui, uniquement pour cela ! — Ce n'est pas tout : il trouve *mauvaise* la bonne volée poétique de bois vert qu'il a reçue, et, pour preuve, il en cite les plus gros mots isolément : comme si l'art suprême du poète satirique ne consistait pas à savoir employer de pareils termes, sans blesser la convenance et le bon goût. C'est un art que M. Horace Lours ne connaît guère, lorsqu'il nous reproche, dans sa première diatribe du 4 novembre, d'être un *littérateur fourbu* dont les *âneries* vont *moisir*, comme de *tristes épaves*, dans la *fosse commune* du bouquiniste : quel style ! — C'est pourtant le résumé parfaitement exact de trois colonnes d'injures et de mensonges. Remarquez bien, honnêtes lecteurs, que nos charmantes filles, la *Nouvelle Atala* et *Daïla*, qui *moisissent* au début avec de *tristes épaves*, se trouvent à la fin en *parfait état de conservation*. Pauvre Horace Lours ! Voilà un miracle plus fort que celui de Lourdes, car il est visible pour tout le monde.

Il assure qu'un *grand nombre* d'exemplaires de la *Nouvelle*

Atala et de *Daïla* se trouvent chez un bouquiniste, tandis qu'on en trouverait difficilement une douzaine chez tous les bouquinistes de Marseille.

Cet amusant dévot oublie d'ailleurs que les *âneries* affirmées sans preuves retombent lourdement sur le maître Aliboron qui nous les reproche. Il eût beaucoup mieux fait de répondre en homme loyal au consciencieux appel que nous faisions à sa bonne foi et à sa science.... présumées vraies.

Veut-on une preuve de la confiance que mérite une feuille cléricale qui prend le titre de *Citoyen, journal du peuple*? Dans ce même numéro du 21 novembre 1875, qui contient de nouvelles assertions calomnieuses contre nous, M. Alfred Gauthier, professeur à l'Ecole de droit d'Aix, se plaint, lui aussi, d'avoir été indignement calomnié! On publie sa protestation, sans faire aucune mention de la nôtre; mais la calomnie a fait son chemin, puisque nous l'avons vue reproduite dans la *Gazette de France*. Même quand on la répare, il en reste toujours quelque chose, et peu importe au pieux *Citoyen*. On verra bientôt que ce journal très-chrétien ne respecte pas même les prêtres catholiques, meilleurs chrétiens que lui.

M. Horace Lours, — à qui les mensonges ne coûtent rien, on le voit, — ose dire que nous *assommons* de lettres *son gérant*, et nous n'en avons écrit que *deux* pour réclamer en vain l'insertion de notre réponse à sa première diatribe du 4 novembre. Une troisième ne compte pas, puisqu'elle a pour objet une rectification dans la seconde, qui contient cette phrase: « Je crois faire acte de courtoisie en vous « priant une seconde fois de faire un acte de justice. »

Nous la connaissons maintenant votre justice, Monsieur le rédacteur et Monsieur le gérant du *Citoyen*! La crainte d'être *forcés d'être justes*, voilà ce qui vous est pénible.

Nos lecteurs bienveillants et *justes* doivent comprendre qu'il nous importe fort peu qu'un microscopique zoïle, tel que M. Lours, nous compare avec *le Trissotin* de Molière et le souffre-douleur de Boileau (1). Ce pauvre abbé n'était pourtant pas dépourvu d'esprit, comme le prouvent quelques-unes de ses poésies légères : en avait-il moins que M. Lours, ce dénigreur sans vergogne des réputations les plus honorables, qui n'a pas même l'esprit de la plus simple bonne foi et de la plus vulgaire politesse?

Mais voici le comble de la franchise : notre *Lettre d'un libre penseur* est adressée, *sans dédicace*, au journal *Le Citoyen*, et non à l'un de ses rédacteurs. M. Horace Lours, le dévot, n'a-t-il pas l'audace de prétendre, — en se donnant une importance vraiment plaisante, — que nous avons *jugé à propos de la lui dédier ?*

Nous, l'auteur de la *Satire du dix-neuvième siècle*, dédier quoi que ce soit au rédacteur quelconque d'une feuille si méprisable par son intolérance et par ses calomnies!... Vous nous avez fait rougir, monsieur : ce coup de pied après tous les autres.... c'est trop.

Voltaire, qui a répondu, comme l'on sait, aux *trente-quatre sottises* de Nonotte, le jugeait digne, pour sa pénitence, de trente-neuf coups de fouet sur le derrière à la mode juive, accompagnés de la récitation d'un verset du *psaume* 77 à chaque coup : on vient de voir que M. Lours en mérite bien davantage.

Les vers qu'on va lire, avec notre *Réponse*, prouvent que la *Satire du dix-neuvième siècle* n'était pas complète. Pouvions-nous croire, en l'écrivant, qu'il pût exister sous le ciel un journal, même jésuite, capable de pousser jusqu'au cynisme l'oubli de toute bonne foi et de toute justice?

---

(1) L'abbé Cotin, membre de l'Académie française, auteur des *Œuvres galantes*, et de la *Ménagerie*, satire contre Ménage.

II.

Réponse à M. Horace Lours, qui n'a répondu à notre Lettre d'un Libre Penseur que par une longue et grossière diatribe dans le Citoyen du 4 novembre 1875, avec ce titre : Un illustre inconnu.

(L'insertion de cette réponse n'a pas eu lieu, malgré deux demandes faites très-poliment à huit jours d'intervalle l'une de l'autre).

UNE ÉPIGRAPHE.

O ma muse profane !
Entends-tu Lours qui brait que nous sommes un *âne?*
Quand du libre-penseur ce noir Rodin crasseux
Lit la lettre éloquente, il se signe, — et, les yeux
Obliquement tournés vers la voûte céleste, —
Exhale en *Oremus* tout l'esprit qui lui reste :
Et quel reste, Jésus !... — Nonotte, le baudet
Du cavalier démon Voltaire, et Patouillet,
Et Canaye, — un trio d'Escobars, — avec rage,
Reprochant leur bêtise à ce grossier faux sage,
Diraient : Tu n'es qu'un sot ! — Les dévots du Lutrin
Se *sottisent* ainsi, lorsqu'ils sont bien en train
De médire, après boire. Ils aiment le gros rire,
Et bataillent parfois. Mais Rodin-Lours !... c'est pire :
Quand il insulte, il bave, — et d'un air grimaçant,
Dévore le mépris qu'on lui jette en passant.

(*Satire du Dix-Neuxième Siècle*, nouvelle édition.)

MONSIEUR LE CATHOLIQUE.

Les injures ne sont pas des raisons, dit le proverbe : or, vous nous reprochez, sans la moindre preuve, des *baliver-*

nes, des *âneries*. Où donc avez-vous appris l'urbanité française, vous qui qualifiez de la sorte les sentiments de juste réprobation qu'excite votre oubli de toute charité chrétienne? Ne voyez-vous pas qu'en fait d'*âneries*, ce sont les vôtres que vous trahissez à chaque ligne, puisque vous éludez peu courtoisement la question, montrant ainsi où le bât vous blesse? Pour comble de dérision, vous prétendez qu'on vous insulte, parce que nous avons fait voir en termes irréprochables, — à propos d'un enterrement civil, — que vous avez outragé, calomnié toute une famille en deuil, et les amis de cette famille. Si nous daignons vous répondre une seconde fois, c'est donc par devoir, et non par considération pour un dévot dont l'éducation chrétienne et polie est encore à faire.

Incomparable trio d'Escobars[1]! Bénins disciples de Loyola, que les spirituels sarcasmes du grand libre penseur Voltaire ont rendus immortels! Vous dont la postérité la plus reculée répètera les noms en éclatant de rire, combien vous ressembliez peu à ce monsieur Horace Lours! Vous étiez des anges...... de politesse, en comparaison de cet incivil chrétien-là.

Au lieu de réparer le mal que vous faites trop souvent par vos calomnies, monsieur le dévot, au lieu d'accepter loyalement notre loyal appel à la bonne foi du *Citoyen*, vous nous adressez une autre injure : *ce littérateur fourbu*, dites-vous. — Quelle courtoisie ! Quel esprit français !

Puis vous informez vos lecteurs que la *Nouvelle Atala* se vend cinq sous chez les bouquinistes : preuve admirable que ce livre ne vaut rien.

Mais Voltaire, monsieur le dévot, Voltaire !... il se vend

---

(1) Ceux-là mêmes qui font le plus bel ornement de notre épigraphe.

chez eux moins cher que le pére Nonotte et le père Loriquet. Mais *Tartuffe*, monsieur le dévot, *Tartuffe* !... il est vendu très-souvent moins de cinq sous. Mais le *Citoyen*, monsieur le dévot, le *Citoyen* !... — Même pour un sou, même en se masquant comme un Guillot sous le titre de *Journal du Peuple*, il ne peut acquérir la moindre popularité.

Nous avons, nous, une excuse bien légitime, monsieur le franc dévot : c'est que le public ne peut acheter de bons livres *inconnus*, mais non *méconnus*, dont lui laisse ignorer le mérite, et même l'existence, notre grande presse parisienne, — la seule qui inspire confiance aux incorrigibles moutons de Panurge. Oh ! vous le savez bien, monsieur Horace Lours ! Quand on est sans influence par soi-même ou par ses amis, il faut de l'or, beaucoup d'or, pour faire de grands frais d'annonces et de réclames.

Tenez, monsieur le dévot très-franc : nous invoquerons ici un témoignage que vous ne récuserez pas :

« La Nouvelle Atala est une fleur du désert américain, *digne de son aînée.* » (*Gazette du Midi*, 1865.)

Avez-vous bien lu, monsieur le dévot très-franc ? — *Digne de son aînée !*

Un excellent écrivain, qui est prêtre catholique, ne pense pas différemment : *il affirme, sans la moindre flatterie*, dit-il, *que la* Nouvelle Atala et Daïla *sont deux véritables chefs-d'œuvre de littérature.* Il exprime la même opinion sur l'*Art dans la poésie*, qu'un des membres les plus illustres de l'Académie française juge en ces termes : *C'est aussi bien dit que bien pensé. — Vous avez fait pour votre temps ce que Boileau a fait pour le sien.* (1)

---

(1) Il est permis de croire que l'auteur de l'*Art poétique* rendrait la même justice à l'auteur de l'*Art dans la poésie*, au lieu de le comparer à l'abbé Cotin, comme l'a fait avec tant de bienveillance M. Horace Lours dans sa seconde diatribe du 21 novembre 1875

Des femmes de lettres non moins illustres ont dit le plus grand bien de la *Nouvelle Atala* et de *Daïla*.

Croirez-vous maintenant, monsieur Horace Lours, que nos œuvres ont eu l'approbation d'une *foule* de personnes inconnues du public, comme l'attestent toutes celles qui les ont fait lire à d'autres ? Et avons-nous été présomptueux en recommandant à nos lecteurs, comme *un intéressant objet d'étude*, les descriptions comparées qui terminent le volume? Puisque vous aimez à rire, on peut bien vous demander en riant si vous n'aviez pas bonne opinion de nos œuvres avant d'avoir lu la *Lettre d'un libre penseur*, et si vous jureriez le contraire devant le Christ: jurez donc, monsieur le dévot très-franc, jurez !.....

Mais trêve à la plaisanterie: — Tout préjudice causé injustement à la réputation ou au bien du prochain exige une réparation, sans laquelle, d'après votre foi chrétienne, vous seriez vainement absous par le prêtre. Or, vous avez calomnié notre réputation d'écrivain, après avoir beaucoup plus indignement calomnié les sentiments douloureux de toute une famille devant une tombe à peine fermée. — La calomnie est évidente, car en qualifiant faussement cette famille et ses amis d'*amateurs d'immortelle*, vous avez voulu les faire passer, en quelque sorte, pour des comédiens de la mort, comme ceux qui vous ressemblent: votre odieux langage, en effet, est digne d'un tel rôle. Sachez du moins que les *amateurs* d'enterrements sont ceux qui en profitent, d'après le tarif de la sacristie.

L'offense ayant été publique, la réparation doit l'être aussi. Vous pourrez ensuite vous confesser, si cela vous plaît: oui, allez à confesse, monsieur Horace Lours, allez à confesse ! Mais ne recommencez plus vos injures, vos médisances, vos calomnies: sinon, vous passerez à la postérité en escobarde compagnie des Nonotte, des Patouillet, des Canaye ; — *et tous les petits voltairiens qui pulluleront dans les écoles du jésuitisme, grâce à la liberté perpétuelle de l'enseignement*, rediront en chœur et en éclatant de rire, dans leurs jeux et leurs danses, le nom prédestiné d'Horace Lours, d'aliborone et exhilarante mémoire ! — Ce sera la très-juste punition de vos âneries.

B. Alciator.

Le 14 novembre 1875.

III.

Nous prions le lecteur impartial de vouloir bien retenir ceci : avant de mettre sous ses yeux le jugement d'un excellent écrivain qui a qualifié trois de nos œuvres de *chefs-d'œuvre* (la Nouvelle Atala, Daïla et l'Art dans la Poésie), nous pensions faire cette réserve expresse, qu'un pareil éloge nous semble exagéré, quoique d'autres juges, non moins compétents, aient exprimé en d'autres termes une opinion à peu près semblable. En voici la preuve :

Mme Anna-Marie (comtesse d'Hautefeuille), dont il est parlé avec honneur dans les *Mémoires d'Outre-Tombe*, a dit de Daïla que c'est « un livre *infiniment remarquable*, et qu'on y sent le goût du vrai, inséparable de celui du beau. » Alors la Nouvelle Atala n'était pas même en germe dans notre pensée. — Mme Emile de Girardin fit l'éloge de Daïla, au point de vue poétique surtout, et Mme Anaïs Ségalas nous exprima de même son opinion sur nos deux romans. La directrice de l'ancien *Journal pour toutes*, même Eugénie Niboyet, a dit de la Nouvelle Atala que c'est un livre *empreint de poésie* et *pur de style*.— Mme Daniel Stern (comtesse d'Agoult), la seule qui n'ait point reçu notre envoi, nous écrivit que l'on disait *beaucoup de bien* de la Nouvelle Atala et de Daïla.

Ces approbations unanimes et beaucoup d'autres ne peu-

*

vent être taxées de flatteries, puisque nous ne connaissons pas même de vue les personnes de qui elles émanent. Nous avons cité des femmes de préférence, parce qu'elles sont les meilleurs juges en fait de romans. — A ceux donc qui dénigrent notre réputation d'écrivain par ignorance ou par mauvaise foi, il nous est bien permis de répondre, sans manquer aux devoirs de la modestie, que des œuvres médiocres n'auraient pas obtenu de pareils suffrages.

Voici maintenant d'autres écrivains dont nous pouvons invoquer, pour des œuvres diverses, le précieux témoignage : Chateaubriand, Victor Hugo, Lamartine, Emile Augier, Joseph Méry, Hippolyte Matabon, Amédée Pichot, Louis Reybaud, l'abbé de Lamennais, l'abbé Chavard, Adolphe Carle, J.-B. Gaut, Casimir Bousquet, Beaumarchey, Géruzez, Théophile Bosq, Gilly La Palud, Francis Petit, etc.

Pour ceux de nos juges actuels qui ne connaissent ni la *Nouvelle Atala* ni *Daïla*, en voici deux fragments :

FRAGMENT DE *DAÏLA*.

On lui donna des femmes babyloniennes de la plus grande beauté ; mais elle ne voulut être servie que par une femme juive. Il s'en présenta une, nommée Rachel, qui avait la douceur d'un Ange, et qui était Ange, en effet. Pour protéger la jeune vierge contre les séductions de la cour de Babylone, cet Esprit céleste avait pris la figure et le nom d'une mortelle. Leur premier entretien eut lieu en ces termes :

DAÏLA.

« Ma sœur, ton doux regard et ton aimable sourire m'ont fait deviner la beauté de ton âme. Viens, nous vivrons ensemble, et si nos compagnes d'esclavage ont besoin de notre secours, je serai heureuse de partager avec toi le plaisir de leur être utile.

RACHEL.

« O Daïla, avant que tu me connusses, je connaissais la noblesse de tes sentiments. Tu me diras le bien que tu veux faire, et je le ferai avec toi ; tu me confieras tes peines, et je t'apporterai des consolations; tu m'ouvriras ton cœur, je t'ouvrirai le mien, et nous ferons ainsi un doux échange de nos pensées.

DAÏLA.

« Je dois bénir le Seigneur de m'avoir envoyé une amie comme Rachel. Il me semble que je suis moins triste depuis que je te connais, et je trouve un charme infini à t'entendre parler. Les sons de ta voix flattent plus agréablement mon oreille que les sons de la harpe mélodieuse.

RACHEL.

« Sais-tu pourquoi mes paroles ont tant de charme pour toi? C'est parce que je t'aime. Oui, je suis pour toi toute amour, et tu me verras souvent me reposer sur ton sein, pour en aspirer les parfums.

DAÏLA.

« O ma bien-aimée! il y a dans tes yeux quelque chose de doux comme le regard d'un Ange.

RACHEL.

« O ma bien-aimée! il y a dans ton âme quelque chose de pur comme la rosée du ciel. »

En parlant ainsi, l'Ange et la fille de Phraïm se regardaient avec tendresse. Puis ils se penchèrent l'un vers l'autre, et s'embrassèrent longtemps en silence.

Le soleil avait disparu sous l'horizon, et Babylone s'abandonnait à l'ivresse de son triomphe.

Les tours, les remparts, les jardins suspendus, chefs-d'œuvre de Sémiramis, étaient éblouissants de lumières. Des cascades et des fontaines artificielles écumaient et jaillissaient çà et là sous les formes les plus pittoresques, les plus variées. De voluptueuses jeunes filles, mêlées avec de jeunes hommes, beaux comme elles, jouaient et dansaient aux sons d'une musique pleine d'harmonie. Mais, au milieu de ces joies, un spectacle pénible serrait le cœur : quelques juifs se montraient çà et là, pâles et tristes ; ils marchaient, le front courbé vers la terre, et n'osaient lever les yeux devant ce peuple, qui semblait insulter à leur malheur.

Daïla surtout éprouvait une affliction profonde. Elle se retira bientôt dans le magnifique appartement qui lui était destiné.

Saosduchéus, toujours attentif à lui plaire, y fit enlever, avec la permission du roi, les tableaux et les statues capables de blesser la pieuse délicatesse d'une Juive ; mais les peintures les plus riantes, les meubles les plus riches, les pierreries les plus fines et les plus rares, y brillaient de toutes parts.

Rachel et Daïla se couchèrent ensemble dans un lit de cèdre incrusté d'or. C'était une belle et gracieuse image, que celle de cet Ange endormi auprès d'une vierge. Après s'être montré, durant le jour, sous la figure d'une mortelle, il reprenait, à l'heure du sommeil, ses formes radieuses et divines. De ses ailes d'azur, il voilait le sein de Daïla ; de son bras de neige, il lui soutenait la tête ; de ses lèvres pures et parfumées, il la caressait avec amour : car il ne cessait de veiller, quoiqu'il parût, comme elle, profondément endormi. Attentif au moindre geste, au moindre soupir de la jeune vierge, cet Ange aimable la protégeait contre les rêves impurs, qu'enfante le démon de la luxure ; il ne lui envoyait que des rêves gracieux, que de riants souvenirs ; il lui montrait tour-à-tour la douce image d'un amant fidèle et celle d'un père chéri. Souvent Daïla s'éveillait au milieu de ces délicieuses impressions, et alors elle voyait l'Ange dans tout l'éclat de sa beauté : mais ses yeux éblouis se refermaient aussitôt, comme trompés par l'illusion d'un songe.

FRAGMENT DE *LA NOUVELLE ATALA*.

Quand l'aurore se leva, les oiseaux chantaient, un radieux soleil semblait nous sourire à travers les fentes de la cabane, et mon Atala, réconciliée pour toujours avec son Vilfrid et avec la vie, me disait : (1)

— Maintenant je n'ai plus rien, je suis guérie, puisque mon Vilfrid m'aime. Viens, viens avec moi.

Elle se lève, et nous voilà errants de solitude en solitude, nous disant de ces douces et ravissantes choses dont les chastes amours seuls ont le secret.

Nous arrivâmes sur la lisière du bois, près d'une source murmurante, devant une immense prairie parsemée de fontaines et de bocages. Couchés l'un près de l'autre sur un lit de verdure, nous admirions ce ciel pur, cette terre splendide où Dieu semble répandre d'une main prodigue les plus riches trésors de la végétation et du précieux élément qui la féconde. Atala, qui avait repris, avec le sentiment d'une félicité prochaine, ses plus fraîches couleurs, s'aperçut, non sans plaisir, que j'étais encore tout pâle des terribles émotions de la nuit ; et elle me disait avec un air de bonheur suprême :

— Mon Vilfrid, que tu es beau ainsi !... Tu l'étais moins peut-être, le jour où je t'ai vu sortir des ondes du Père des fleuves, avec l'éclatante blancheur des cygnes de nos lacs. Mais c'est parce que tu es bon que je t'aime : Ne te sens-tu pas heureux d'être aimé ?

— Chère Atala, donne-moi ta main, pose-la sur mon cœur : il te dira si je le suis.

Elle fut un moment rêveuse, et continua en ces termes :

---

(1) Jusqu'au moment où se passe la scène qu'on va lire, le jeune moine Vilfrid a constamment résisté aux séductions de la belle sauvage, instruite et baptisée par lui : — séductions d'autant plus enivrantes qu'elles étaient naïves et pudiques.

— Ecoute : pendant le bienfaisant sommeil qui venait de remplacer pour moi, grâce à tes soins, le sommeil éternel, j'ai eu un songe : — et tu sais, ajouta-t-elle d'un air grave, que les songes sont les envoyés du Grand-Esprit. — Ta douce image est descendue vers moi sur un rayon de la lune. Alors la Reine des Génies (1), environnée d'un éblouissant nuage, m'a montré en souriant mon Vilfrid, pâle d'amour comme tu l'es à cette heure, et tout près de toi une palme radieuse sur un tombeau. Eh bien ! sais-tu ce que cela veut dire ?

Je feignis de ne pas comprendre.

— Cela veut dire, Vilfrid, que nous vivrons et que nous mourrons ensemble.

— En chrétiens, répondis-je.

— Et en martyrs, s'il le faut, s'écria-t-elle avec l'accent prophétique d'une foi ardente.

Jamais elle ne m'avait paru plus belle, plus sublime. Après un nouveau silence, elle me dit :

— Entends-tu ces oiseaux qui chantent sous la feuillée ? Ils chantent leur chant d'amour. Entends-tu ces ours et ces carcajoux dans les profondeurs de la forêt ? Ils rugissent leur rugissement d'amour. Aimons-nous donc, ô mon Vilfrid, aimons-nous ! et les Génies des fleurs nous souriront ; et le ciel aussi nous sourira.

Toute mon âme fut si profondément émue après de telles paroles, que je chantai, — comme les oiseaux du ciel, — mon chant d'amour :

« Oh ! si j'étais un Génie aérien, invisible pour tous, visible pour toi seule ! sur les ailes de l'Aurore je volerais vers toi, et je me pencherais doucement, bien doucement vers ta couche, pour déposer sur tes lèvres de rose, encore endormies, mon premier baiser d'amour.

(1) La Sainte-Vierge, que l'on représente souvent debout sur un croissant de la lune.

« Comme il serait joyeux, ton réveil !... Et je te dirais: Lève-toi, ô ma seule lumière, lève-toi ! Le ciel est pur, la nature est belle, les petits oiseaux chantent en chœur sous la feuillée, et la brise du matin caresse amoureusement les verts rameaux, qui semblent frémir de plaisir. Lève-toi donc, ô ma seule lumière, lève-toi !

« Et, le front rougissant, tu te lèverais, radieuse et sans voile, dans tout l'éclat de ta beauté. Que je serais heureux alors ! Tu me verrais voltiger autour de toi, comme l'oiseau de paradis autour d'une belle fleur américaine fraîchement éclose.

« Que j'aimerais à enrouler moi-même autour de ta tête charmante les ondes parfumées de ta luxuriante chevelure ! Qu'il me serait doux de sourire à tes sourires, de m'enivrer de tes amoureux regards, de t'entendre me répéter tout bas à l'oreille quelques-uns de ces mots de jeune fille qui font palpiter le cœur d'espérance !

« Puis, je t'emporterais sur mes ailes à travers les espaces, bien loin, bien loin ! Et je te cacherais, ô mon doux trésor, dans une solitude ombreuse, profonde, impénétrable, au bord d'une source gazouillante, parmi les oiseaux et les fleurs: et là, n'ayant pour témoins de nos amours que la nature et Dieu, nous épuiserions sur la terre un bonheur qui rendrait jaloux les heureux du ciel. ». . . . .

. . . .

. . . .

Sans doute la Providence ne voulut pas permettre que des amours aussi grands et aussi purs fussent souillés par une faute. Nous vîmes accourir vers nous mon fidèle Médor avec la douce biche blanche ; et derrière eux s'avançait, appuyé sur son bâton de saule, un vénérable vieillard que je reconnus, à la croix d'or qui brillait sur sa poitrine, pour un de ces évêques missionnaires qui viennent répandre avec autant d'abnégation que de courage les semences de Foi et de charité parmi les tribus idolâtres du Nouveau-Monde. Il ne faisait que traverser nos solitudes. S'y étant égaré, il venait d'apercevoir Médor, qui tout en jouant avec la bonne biche, sa compagne, l'avait conduit jusqu'à nous.

Quoique obligé de se rendre sans délai au milieu de son troupeau, le digne Pasteur des hommes voulut bien recevoir mes confidences, écouter toute mon histoire jusqu'au bout, et me consoler par ces évangéliques paroles :

« Mon fils, rendez grâce à Dieu qui récompense aujour-la droiture de votre cœur, puisqu'il m'envoie vers vous avec les pouvoirs nécessaires pour vous délier de votre vœu. Mais respectez ce que notre Mère l'Eglise a établi : elle seule peut changer la règle, quand cette règle n'est point un des fondements de notre Foi. Un jour viendra peut-être où les vertus de la famille seront considérées comme étant au nombre des plus utiles et des plus saintes que puisse pratiquer un prêtre. »

Après avoir entendu notre confession, il nous donna, dans le plus beau des temples, c'est-à-dire au milieu des richesses les plus magnifiques et les plus imposantes de la nature, cette bénédiction nuptiale qui devait combler les vœux d'Atala et de son Vilfrid.

Il voulut bien consentir à recevoir pendant quelques heures l'hospitalité dans nos cabanes, et emporta, avec notre éternelle gratitude, le souvenir le plus précieux pour un apôtre: celui d'une bonne action.

Nous étions fous de bonheur. Notre mariage chrétien fut suivi du mariage à la mode indienne : c'est un acte de déférence que nous devions aux mœurs de la tribu.

Ma jeune femme n'ayant plus de parents, et notre union ayant été annoncée comme un ordre du Grand-Esprit par l'organe de la divine biche blanche, les formalités furent courtes. Je lui offris, selon l'usage, diverses peaux de castors et de bêtes fauves, le calumet blanc au tuyau bleu, les deux colliers de porcelaine, et dans une charmante petite cage, construite par moi-même, les deux plus jolies tourterelles de nos bois. Ensuite, assis l'un près de l'autre sur un rouleau de peau de buffle à une extrémité de la cabane, et en présence des plus vieux sachems qui, formant le demi-cercle devant nous, fumaient en silence, nous déclarâmes notre consentement mutuel d'être unis par les liens de l'hyménée. Les inévitables cérémonies du chant et de la danse précédèrent et suivirent le grand festin de noces, qui fut vraiment homérique. L'appétit vorace de nos convives y fit des prodiges : ils ne laissèrent que les os d'un ours, d'un chevreuil, d'un daim et d'un élan tout entiers; ils absorbèrent, en outre, une quantité prodigieuse de canneberges, de fraises, de framboises et de pains de maïs : le tout arrosé par de fréqnentes libations d'eau de sumac ou d'érable, ou par la bouillante liqueur de cassine, qui est pour eux ce qu'est pour nous le délicieux moka d'Arabie.

Bien avant dans la soirée, chaque famille se retira dans sa hutte ; et une fois seuls dans la mienne, la belle Atala et son Vilfrid ajournèrent à la nuit suivante leur premier sommeil d'amour.

Hélas ! nos voisins les Muscogulges et les Siminoles nous réservaient un terrible réveil.....

IV.

Qu'un éditeur de Paris nous fasse des offres sérieuses, et nous prenons l'engagement formel de lui livrer moins de six mois après, entièrement corrigé et recopié, le *Génie de la philosophie*. dont la *Nouvelle Atala*, — véritable plaidoyer en faveur du mariage des prêtres, — est un épisode. Le *Génie de la philosophie* est une grande idée, s'il en fut : en religion, c'est la tolérance universelle, déduite de ce principe nouveau : La Foi n'est pas une vertu ; en politique, c'est la République fédérative universelle, vers laquelle marche lentement, mais inévitablement, l'humanité, qui ne fait que de naître; en littérature et dans le domaine des arts, c'est le VRAI, toujours inséparable de l'idée du BEAU, quoique le vrai ne soit pas toujours le beau. Aussi, n'y a-t-il rien de plus absurde, selon nous, que ces expressions employées d'une manière absolue: *Art païen*, *Art chrétien*. Les plus belles pages de Chateaubriand lui-même sont précisément celles où le christianisme n'est pas en cause. L'auteur a prétendu faire de l'*Art chrétien*, et sa poésie païenne des *Martyrs* est supérieure à sa poésie chrétienne du même ouvrage. Au double point de vue de l'intérêt et de la poésie, rien n'approche du magique épisode de la païenne Velléda. — Bossuet, qui appelle Moïse le plus sublime des philosophes, n'est jamais plus éloquent que lorsqu'il parle en philosophe plutôt qu'en chrétien, et nous pouvons en dire autant des plus éloquents pères de l'Eglise. — Fénelon n'a jamais été mieux inspiré qu'en écrivant son traité de l'*Existence de Dieu* et le *Télémaque* : oui, le *Télémaque*, où l'episode de Calypso et d'Eucharis surpasse tous les autres : tant il est vrai qu'en fait d'art, la nature est plus belle que toutes les croyances religieuses, et qu'elle les domine toutes!

Règle générale: Les plus grands écrivains de l'antiquité ne sont jamais plus grands que lorsqu'ils ne parlent pas en païens. Il en est de même des grands écrivains modernes, lorsqu'ils ne parlent pas en chrétiens dogmatiques. Mais les écrivains les plus froids, les plus ternes, sont toujours ceux qui n'ont pas de religion : comparez Lucrèce à Virgile, malgré tout le génie du premier ; comparez aussi la *Henriade* à la *Jérusalem délivrée*, abstraction faite du merveilleux chrétien dans ce dernier poème : — merveilleux, qui n'est certes point ce qu'on y trouve de plus poétique et de plus intéressant.

Une Vierge de Raphaël n'est pas belle parce qu'elle est chrétienne, mais parce que, même au point de vue chrétien, elle est naturelle dans toute la perfection du mot. Le même peintre aurait fait une Minerve ou une Diane avec la même perfection en s'inspirant des idées païennes. Dire que la foi chrétienne donne aux œuvres de génie plus de perfection, c'est un paradoxe insoutenable : c'est faire du libre génie un esclave des croyances et des coutumes ; c'est lui ôter jusqu'à son nom. — Voltaire, par exemple, en écrivant *Zaïre*, ne fut pas plus inspiré par une foi fervente qu'en écrivant *Mérope* ou *Mahomet*, et *Mérope* n'est pas inférieure à *Zaïre*. D'ailleurs le païen Homère n'a jamais été surpassé comme poète épique, Platon comme philosophe, Tacite comme historien : Tacite, dont le seul Montesquieu, qui certes n'était pas un croyant, fut le plus digne émule. En fait de grands poèmes, la *Bible* ne peut rien opposer à Homère, et l'incomparable beauté de quelques narrations, des psaumes et des prophéties en général, — où l'art chrétien, quoi qu'on en dise, n'a rien à voir, — donne tout simplement raison à notre *Génie de la Philosophie;* car les écrivains de la *Bible* étaient tous déistes, et ils ne s'inspirèrent que de Dieu et de ses œuvres. Nous avons déjà fait remarquer que Bossuet lui-même appelle Moïse le plus sublime des philosophes : il aurait pu dire aussi que David et les prophètes sont les plus sublimes des philosophes poètes. Tous les exemples qu'en donne l'auteur du *Génie du Christianisme* sont autant d'arguments contre son étroit système. Il le défend si mal d'un bout à l'autre, que tout homme instruit et impartial se demande si l'entêté Breton était un chrétien bien convaincu. Nous démontrons dans le *Génie de la philosophie*, avec une évidence aussi claire que la lumière du soleil pour les esprits non résolus à ne rien voir, que cet écrivain cache de pitoyables raisons sous l'éblouissant éclat d'un style de grand artiste. Ce mot *grand artiste*, nous l'employons à dessein pour faire mieux comprendre tout ce qu'il y a d'admirablement artificiel dans un chef-d'œuvre qui fournit, presque à chaque page, l'irréfutable preuve que la cause défendue par son auteur n'est point la vérité.

Nous regrettons sincèrement que quelque illustre écrivain n'ait pas conçu avant nous le *Génie de la philosophie*, pour en faire un véritable monument philosophique, politique et littéraire. Mais en révélant ici au public la grande idée qui lui sert de base, nous avons l'espoir d'obtenir enfin qu'un éditeur intelligent et dévoué nous aide à défendre, dans l'humble mesure de nos forces, une grande cause qui est celle de l'humanité tout entière. Il s'agit, en effet, de hâter les progrès de la civilisation, en démontrant la nécessité d'une révolution complète dans les idées religieuses et morales des peuples.

Grâce à une critique injuste (1), — et sans critique, — de l'*Art dans la poésie*, notre Muse indignée fit la *Satire du dix-neuvième siècle* : les injures et les calomnies d'un journal catholique auront eu peut-être pour résultat de faire éditer nos œuvres, et notamment le *Génie de la philosophie*. Nous sommes persuadé qu'une édition illustrée de la *Nouvelle Atala*, — qui en est un épisode, comme nous l'avons dit, — en préparerait le succès. *Daïla* aussi gagnerait beaucoup à être publiée dans ces conditions.

V.

André Chénier, portant vivement la main à son noble front, murmura devant la guillotine béante : *Je sentais*

---

(1) Mr Paulin Limayrac la publia d'abord dans la *Presse*, et ensuite dans un livre intitulé : *Coups de plume sincères*. M. Emile Augier, de l'Académie française, nous justifia en ces termes : « Je ne comprends pas la critique qu'on vous a faite de mettre en « vers libres l'*Art poétique* de Boileau : vous avez fait un art « poétique en rapport avec les changements survenus dans les « esprits ».

Ce même poète illustre regardait comme une heureuse innovation d'avoir *joint le précepte à l'exemple* dans notre poème.

pourtant quelque chose là !... — Lui, du moins, est mort dans sa gloire.

Devant cet autre bourreau qu'on appelle INJUSTICE, plus martyrs que lui peut-être sont les esprits d'élite, qui aiment la gloire, et qui expirent sans nom, après une lente, affreusement lente agonie : trop heureux, quand un rayon d'immortalité vient leur sourire dans l'insondable, mais consolant avenir d'outre-tombe ! — Aussi. est-ce avec un amour fraternel que nous donnons un conseil à tous ces grands oubliés de l'égoïsme social, qui sentent couver en eux le feu sacré du génie : s'ils ont la conscience, longuement et invinciblement acquise, d'avoir produit une œuvre digne de vivre, et surtout une œuvre généralement utile, qu'ils en fassent le dépôt dans les principales bibliothèques publiques des deux mondes. Tôt ou tard elle tombera infailliblement sous les yeux de quelque noble esprit, de quelque grand cœur, qui se fera une gloire de s'associer à leur gloire, et les fera sortir de la poussière d'un injuste oubli.

Gœthe ne croit pas du tout que le génie grandisse dans la misère ou dans le découragement : *il faut qu'on l'excite*, dit-il, et nous disons plus encore : il faut qu'on le réchauffe, qu'on l'inspire, qu'on l'électrise, en quelque sorte, par de publiques et légitimes approbations. Alors il enfantera peut-être des choses dignes de l'admiration des siècles. Dans le cas contraire, à moins d'être doué d'une indomptable énergie, d'une foi inspirée dans un avenir immortel, il s'atrophie par désespérance et tombe dans un tel dégoût de la stupide injustice humaine, que cette pensée fixe, profonde, implacable, le consume et le tue ; et avant de rendre à Dieu sa belle âme martyre, il peut bien lui dire, sans amertume et sans larmes, comme le Christ : Pourquoi m'as-tu abandonné ?

VI.

Nous tenons à remercier publiquement M. l'abbé Chavard, curé de Genève, d'une sympathie qui nous est précieuse. Lui aussi eut l'honneur, il y a quelques mois, de voir *le Citoyen*, calomniateur par habitude, essayer vainement de *salir de sa bave impure* une *réputation* sans tache, et *jusqu'alors respectée*. M. l'abbé Chavard est un digne prêtre comme celui dont nous avons esquissé le portrait aux dernières pages de cette *Lettre d'un libre penseur* : il garde ses convictions chrétiennes et catholiques, nous dit-il, mais il respecte celles d'autrui, parce qu'il comprend comme nous l'inviolabilité de la conscience humaine. Il blame néanmoins très-énergiqnement les incrédules qui n'ont pas le courage de leur opinion. Nous sommes parfaitement de son avis : ces lâches ne sont pas dignes d'être libres penseurs, puisqu'ils subissent par convenance, par respect humain, par politique, et le plus souvent par préjugé d'éducation, le joug de l'Église, — qui d'ailleurs compte à peine en France *dix millions* de véritables fidèles. Il suffirait, pour s'en convaincre, dit encore très-justement M. le curé de Genève, de déduire des trente-quatre millions qu'elle s'attribue les fidèles et les incrédules des autres cultes, les vieux-catholiques, les athées, et ces innombrables faux-croyants dont la plupart ne vont jamais à l'église, à moins qu'il ne s'agisse d'un baptême, d'un mariage ou d'un enterrement. Ce fait incontestable est admis comme tel par l'immense majorité de la nation française.

Tout le monde a le droit d'avoir des opinions différentes de celles du *Citoyen* : tel est l'unique motif qui a rendu le jeune curé de Genève et nous-même l'objet des méprisables injures de ce journal intolérant et dévot. Disons-le encore une fois, les injures ne sont pas des raisons. Réfutez l'excellent et savant livre de M. l'abbé Chavard, *le Célibat des prêtres et ses conséquences;* contestez des faits incontestables : osez dire, par exemple, que saint Paul n'a pas conseillé le mariage aux ministres de la parole du Christ, et qu'ils ne se mariaient pas, en effet; osez dire qu'une règle disciplinaire a le droit de violer une loi naturelle, et que la première des institutions sociales n'est pas la plus naturelle des lois de Dieu; osez dire que cette règle, — souverainement absurde, parce qu'elle est impossible à suivre pour certains tempéraments, — ne fut pas établie soixante ans après le concile de Nicée, précisément à une époque où le relâchement des mœurs cléricales commençait de la rendre moins que jamais opportune; osez dire qu'au douzième et au treizième siècles le concubinage n'était pas permis aux prêtres moyennant dispense et finances, — usage monstrueux, qui fut aboli par le concile de Trente; osez nier d'autres usages encore plus affreusement scandaleux, que la pudeur nous défend d'écrire.

Dieu lui-même, — c'est votre Bible qui l'affirme, — a dit, sans faire aucune exception : *Croissez et multipliez!* Certes, vous voulez *croître*, et c'est ce que vous aimez en toutes choses; mais la multiplication comme l'entend la loi de Dieu a l'air de vous déplaire, à moins que vous ne la produisiez dans l'ombre, comme des larrons de l'honneur des familles. Est-ce que les tribunaux n'en ont pas retenti trop souvent ? Ne vaut-il pas mieux, au double point de vue des intérêts moraux de l'État et de ceux de la religion, qu'un prêtre se marie ?

Vous croyez peut-être que nous voulons vous jeter la pierre, à vous qui la jetez si facilement aux autres, sans le moindre souci de la charité chrétienne. Lisez donc ces lignes du *libre penseur* ; elle sont extraites de la *Vérité sur J.-J. Rousseau :*

« Mais à Dieu ne plaise que, dans un parallèle sans précédents, je veuille affaiblir le respect dû à la mémoire d'un des plus grands saints et des plus grands esprits dont l'Église et l'humanité s'honorent : c'est la gloire de l'évêque d'Hippone d'avoir été presque un ange après tant d'incontinence, comme c'est l'honneur du philosophe génevois d'être demeuré sage jusque dans les défaillances d'une âme aimante et d'un tempérament de feu. D'ailleurs, quoi de moins inexcusable, même dans les âmes les plus chastes et les plus saintes ? L'aiguillon de la chair a toujours été et sera toujours l'écueil des sages. Il y aurait bien peu de personnes vertneuses, si l'on refusait la vertu à toutes celles qui ont failli, ou qui succombent après le repentir. La prévoyante nature veut que cette volupté, même illégitime, soit la seule que dans l'ivresse des sens on se permette sans remords. S'il en était autrement, le besoin de l'éprouver serait trop faible, et le monde se dépeuplerait. Voilà pourquoi il n'est point de faute que le doux Jésus pardonne plus volontiers, quand elle ne devient pas un crime contre l'enfance : c'est que la Divinité elle-même, en nous donnant des instincts aussi impérieux pour la propagation de l'espèce, s'est rendue en quelque sorte notre complice dans l'usage illégitime que nous en faisons. Oh! comme les âmes vulgaires sont injustes ! comme elles sont méchantes, cruelles, impitoyables ! Un fait entre mille : quand de dignes prêtres, à bout de luttes solitaires et poignantes contre l'inexorable empire de la nature, ont un moment, un seul moment d'oubli du plus difficile de leurs devoirs, tout le monde, excepté les vrais justes, leur jette la pierre : et pourtant ils sont plus malheureux que coupables, car cette faute est moins leur faute que celle de la règle barbare qui leur défend d'être hommes. Du reste, le célibat obligatoire n'a jamais été un article de foi : il ne se trouve ni dans le Décalogue, ni dans le Symbole des apôtres, ni dans les commandements de l'Eglise. Espérons, pour l'honneur de l'humanité et pour le maintien de la sainteté du sacerdoce, qu'il disparaîtra un jour, avec la confession, devant le simple bon sens d'un concile œcuménique, — si toutefois un tel bon sens est possible. »

Cela fut écrit en 1870.

Eh bien! messieurs les dévots rédacteurs d'un prétendu *Journal du peuple*, — qui n'ose s'intituler *Journal du Pape*, — soyez francs, au moins une fois : Que pensez-vous d'un tel langage? Ne rougissez-vous point de ce qu'un libre penseur vous donne l'exemple de la tolérance et de la charité ?

Mais vous lui devez plus encore à ce prêtre, tout aussi orthodoxe devant votre Eglise que les catholiques maronites qui se marient : vous lui devez la justice, que vous foulez aux pieds à l'égard de tous ceux qui veulent penser et croire en hommes libres; vous lui devez le respect, que votre intolérance et vos mœurs plus que mondaines méritent si peu ; vous lui devriez même de l'admiration pour son courage, si vous étiez capables d'honorer la vertu jusque dans vos ennemis. Par ce mot *ennemis*, nous entendons ceux que vous affectez de croire tels, parce que votre hypocrisie fratricide, pleine de fiel et de haine, ne les reconnaît pour frères que selon la foi : — frères sur vos lèvres quand vous marmottez des patenôtres; ennemis malgré eux, et souvent à leur insu, dans votre cœur sans charité. N'est-ce pas renier et souffleter le Christ par des actes pires que le baiser de Judas ? Il n'est pas besoin d'avoir telle foi religieuse plutôt qu'une autre pour comprendre que votre conduite envers ce courageux apôtre, époux et père béni de Dieu comme les apôtres des anciens jours, n'est pas plus celle d'un chrétien, que votre conduite envers nous-même. S'il vous reste le moindre sentiment de religion et de pudeur, réparez noblement et publiquement vos médisances et vos calomnies, puisqu'elles ont été publiques : sinon, courbez la tête, malheureux, sous le poids de votre honte, et n'insultez plus. — Ou plutôt, demandez au Dieu de miséricorde qu'il vous pardonne, comme nous vous pardonnons; car ce digne apôtre, bien certainement, prie pour vous quand vous le maudissez.

Pour tous ces prêtres, devenus si grands devant Dieu par la sainte loi du mariage, vous êtes des Caïns pires que celui qui tua son frère. Que leur faites-vous, en effet, célibataires sans justice parce que vous êtes sans amour ? Que poursuivez-vous de votre haineuse réprobation dans ces hommes qui respectent l'honneur des familles, parce qu'ils ont une famille ; qui donnent des enfants à l'humanité et à la patrie, parce qu'ils sont, avant tout, les apôtres de l'humanité et les citoyens de la patrie ? Vous cherchez à tuer leur réputation, qui leur est plus chère que l'existence, comme elle l'est à tous les nobles esprits qui honorent la civilisation par leur science, par leurs talents et par leurs vertus. Quel nom mériterait Dieu lui-même, s'il vous donnait, à eux l'enfer, à vous le ciel ?

Va, digne apôtre du Christ, poursuis ta mission évangélique et glorieuse ! Poursuis-la sans crainte, heureux époux, heureux père, bon citoyen, prêtre sublime, car le vrai Dieu qui bénit la famille et en récompense les vertus, est avec toi. Continue de porter à l'autel du Tout-Amour, au lieu d'un cœur vide des plus nobles et des plus saintes affections de l'homme, l'offrande la plus agréable à ses yeux parce qu'elle est la plus pure, celle d'un cœur qui ne palpite que pour l'aimer, que pour le glorifier par de chastes amours.

VII.

Nous terminons par divers jugements portés sur nos principales œuvres :

Voici d'abord en quels termes Casimir Bousquet, dont les muses marseillaises pleurent encore la perte, a parlé de *Daïla* :

« C'est ce livre sacré (la Bible) que la vive et féconde imagination de M. Alciator a exploré. Après avoir publié une brillante traduction en vers de l'*Art poétique d'Horace* et des *Satires de Perse*, cet écrivain a voulu nous donner une idée de ce qu'il pouvait faire par lui-même. *Daïla* est une de ces poétiques créations écloses sous le ciel radieux du Midi, à la suite de l'extase dans laquelle vous plonge la lecture de la Bible ; c'est une jeune fille de Jérusalem, élevée dans la solitude des montagnes, pure comme une rose de Saron, que le poète vient religieusement poser en face de notre siècle... Quelle est gracieuse et touchante dans son amour pour Hazaël, son fiancé ! Qu'elle est grande et sublime, lorsqu'elle vient arracher son vieux père des mains des bourreaux, ainsi que dans le combat qu'elle livre à Bennamor !...

« L'auteur a déployé dans ce nouvel ouvrage, un goût et une pureté de style remarquables : si sa réputation n'était pas déjà faite, cette œuvre suffirait pour l'établir. D'ailleurs tous les éloges qu'on pourrait lui adresser se trouvent résumés dans la lettre bienveillante que l'illustre auteur des *Orientales* écrivit à M. Alciator, en acceptant la dédicace de ce roman. »

Casimir Bousquet.

« Depuis deux ou trois siècles, il s'est fait en France beaucoup de vers ; il s'en est même trop fait pour qu'un livre de poésies ait aujourd'hui quelque chance de réussite. Les poètes ont toutefois une chance d'être lus, c'est quand ils riment dans un but d'utilité. Ce mérite, nous le trouvons dans un poème que vient de publier M. Alciator, déjà connu par une estimable traduction de quelques œuvres d'Horace et de Perse. L'*Art dans la poésie*, tel est le sujet fécond mis en vers par M. Alciator. Il a eu l'heureuse idée de renfermer les principes fondamentaux de la poésie dans quelques pages qui joignent l'exemple au précepte. On retrouve dans le livre de M. Alciator tout ce qu'Horace et Boileau ont si bien enseigné en fait de règle et de goût ; mais ce qu'il s'est abstenu soigneusement de reproduire, ce sont les préjugés, les règles arbitraires, la routine en un mot, qui est au progrès de l'art ce que la cage est au rossignol, une entrave qui le condamne au silence, et bientôt à la mort. La raison et la logique se fondent avec bonheur dans cette œuvre poétique avec les charmes d'un style élégant et limpide qui le recommande aux connaisseurs. Tous les genres y sont passés en revue, depuis l'épigramme jusqu'au poème épique. La poésie dramatique a son poème à part. Le poème se termine par une comparaison de l'art moderne avec celui des anciens. M. Alciator a complété le volume par un choix de poésies diverses dont la lecture ne fera que mieux assurer sa réputation déjà si bien acquise de poète et de penseur. »

(*Gazette du Midi*).

« Nous passons à l'œuvre d'un autre poète qui n'en est pas, lui, à son début, d'un homme d'imagination et d'études consciencieuses. Traducteur heureux d'Horace et de Perse, auteur d'un roman biblique, *Daïla*, qui se fait lire avec intérêt parce qu'il réunit le charme du style à celui d'une action bien conduite et de caractères vrais, M. Bernard Alciator vient d'ajouter à sa couronne poétique un fleuron de plus par la publication d'un joli volume de poésies, dont la partie capitale est un poème didactique intitulé : *L'Art dans la poésie*. M. Alciator n'a pas eu la prétention de refaire l'Art poétique de Boileau ou celui d'Horace ; ce qu'il a voulu et en quoi il a parfaitement réussi, ç'a été de suivre le mouvement littéraire et de poser des règles qui, en étendant les bornes de l'art, sont destinées à indiquer jusqu'à quel point la raison permet au génie de s'avancer, sans craindre de faire fausse route. A la snite de ce poème viennent plusieurs pièces de vers parmi lesquelles nous voudrions beaucoup choisir et citer, si nous ne craignions de dépasser les limites qui nous sont accordées. Contentons-nous d'indiquer *Malheur et Poésie*, stances pleines d'harmonie et de tristesse ; *Souvenirs et regrets*, retour vers les premières années où le poète épanche son cœur en vers si mélodieux et si purs ; *Une pluie d'été*, petit poème frais comme une fleur éclose sous le premier rayon qui brille après l'orage ; *A mes maitres*, qui fait également honneur à l'esprit et au cœur du poète. Forcés d'indiquer seulement, nous renvoyons nos lecteurs au livre du poète : c'est leur procurer un passe-temps agréable, qu'ils nous sauront gré de leur avoir signalé.

« En résumé, le nouveau volume de M. B. Alciator, écrit avec l'imagination et le cœur, fait également aimer l'homme et le poète, N'est-ce pas le meilleur éloge que nous en puissions faire ? »

(*Le Nouvelliste*). — Th. Bosq.

Enfin, une bonne leçon de critique à MM. Paulin Limayrac, Claretie, George Bell, Horace Lours et leurs pareils, ne sera point déplacée ici; elle est de M. Villemain :

« Un sage l'a dit : *Il faut avoir de l'âme pour avoir du goût*. Ainsi, l'impartialité, l'amour des lettres pour elles-mêmes, le désir des succès d'autrui, ce mélange des principes équitables et de sentiments nobles doublera le mérite du critique et rendra son goût plus lumineux et plus pur. A force d'abuser de sa conscience, on parvient à se fausser l'esprit. Une erreur souvent répétée pénètre insensiblement dans la pensée de son auteur, à la suite de tous les vains sophismes dont il la fortifiait, sans la croire lui-même : c'est la punition d'un critique de mauvaise foi ; il finit par perdre le bon sens. Cette instabilité d'une opinion sans pudeur ne sait plus où s'arrêter. Tout est variable et faible, quand il n'y a pas d'appui dans le cœur : tel un juge corrompu se livrant à une indifférence universelle, pour se donner plus de liberté, laisserait à dessein chaque jour s'émousser en lui l'intelligence du bien et du mal, et jetterait au hasard ses décisions tantôt capricieuses, tantôt mercenaires. Non, tout ce qu'il y a de pur, de noble et d'élevé dans le plus sublime des beaux-arts n'est pas fait pour être senti par une âme rampante et avide ; elle n'entend pas ce langage ; elle trouve dans sa propre bassesse une incrédulité toute prête contre les sentiments généreux. Les lumières de la science et de l'esprit ne peuvent la conduire jusque-là. Son goût est imparfait : il lui manque le sens moral.. ....

« Que le critique sache toujours unir à la pureté du style l'usage de ces formes polies qui n'ôtent rien à la vérité des jugements, mais qui la rendent plus tolérable pour l'amour-propre.......................................

« Il semble qu'une critique sévère et raisonnée excite rarement des plaintes. On peut être offensé, mais on ne s'irrite pas ; c'est le sarcasme, c'est la froide moquerie qui blesse et qui outrage. »

(Discours sur la critique.)

Ce que nous avons dit nous-même de l'émulation et de l'envie, peut servir de complément aux sages préceptes que l'on vient de lire :

« De toutes les passions qui dégradent l'homme, la plus odieuse, c'est l'envie. Fille de l'orgueil et ennemie de tout mérite, de toute vertu, elle attaque les réputations les plus pures, elle se réjouit du mal qu'elle fait. La médisance et la calomnie sont ses armes habituelles. Rien n'échappe à son œil pénétrant : c'est un serpent qui distille sans pitié son venin sur toutes les gloires. Autant ce vice est méprisable, autant l'émulation est généreuse. L'émulation, il est vrai, est aussi fille de l'orgueil, mais d'un noble orgueil : c'est elle qui faisait pleurer Thucydide à la lecture des écrits d'Hérodote ; c'est elle qui, dans ces derniers temps, faisait battre le jeune cœur d'un grand poète (1), lorsqu'il frappait de mort, aux applaudissements du public, de vieux préjugés littéraires, et commandait l'admiration de ses ennemis même à force de

(1) Victor Hugo.

hardiesse et de génie. L'envie accompagne presque toujours la médiocrité : l'émulation est sœur du talent et de la gloire ; elle fait des prodiges dans les lettres et dans les arts, elle crée des poètes, elle enfante des héros. Si elle *envie* le sort des grands hommes, si leurs lauriers lui ôtent le sommeil, c'est un tribut d'admiration qu'elle paie à leur génie, c'est un hommage qu'elle rend à leurs vertus. »

B. Alciator

OUVRAGES DE B. ALCIATOR

Ils seront envoyés *franco* à toute personne qui lui en adressera le prix en timbres-poste, par lettre affranchie. — Sa Lettre d'un libre penseur, précédée d'une réponse aux grossières injures du pieux *Citoyen* de Marseille, *Journal du peuple*, sera envoyée gratuitement, jusqu'à ce que l'édition en soit épuisée.

La **Nouvelle Atala** et **Daïla**, avec Descriptions comparées de Chateaubriand et d'Alciator, 1 vol. in-16, prix : 3 fr. 50. — Une femme très-distinguée de la presse parisienne a publié elle-même ceci : « La *Nouvelle Atala* est un livre empreint de poésie, pur « de style, honnête d'intention, et que la jeune fille chaste pourra « lire sans avoir l'esprit troublé. » — Une femme célèbre comme écrivain a dit de *Daïla* : « C'est un livre *infiniment* remarquable. « — On y sent le goût du vrai, inséparable de celui du beau. »

Traduction en vers français de l'**Art poétique d'Horace et des Satires de Perse**, précédée d'une appréciation de M. Géruzez, ancien suppléant de Villemain au Collège de France, 4me édition, un vol. in-18 ; prix : 2 francs.

La meilleure des Républiques, suivie d'un éloge de Turgot et de divers fragments, dont plusieurs sont extraits du *Génie de la philosophie*, 1 vol. in-12, prix : 2 francs.

La Satire du dix-neuvième siècle, 1 vol. in-18, prix : 1 fr. 50. Joseph Méry a dit de cette satire qu'elle est *l'œuvre d'un vrai poète.* Elle est suivie de l'ART DANS LA POÉSIE, poème en trois chants, sur lequel Emile Augier de l'Académie française a porté ce jugement : « *C'est aussi bien dit que bien pensé. Vous joignez le précepte à l'exemple. — Vous avez fait pour votre temps ce que Boileau a fait pour le sien.* » — Un autre excellent écrivain a qualifié de *chefs-d'œuvre* ce poème et les deux romans *La Nouvelle Atala* et *Daïla.*

Lorsque parut *Daïla*, dédiée à Victor Hugo, le grand poète s'en fit lire une grande partie par sa fille, et en expliqua le motif en ces termes :

« Prenez-vous en, Monsieur, à mes yeux malades. Je ne lis « plus et je n'écris plus : petit malheur pour mon siècle, grand « malheur pour moi, quand j'ai sur ma table des livres comme le « vôtre. Heureusement j'ai une fille, et cette douce enfant m'a lu « en grande partie votre remarquable œuvre. C'est de ma main « que je veux vous écrire, pour vous féliciter de votre beau talent « et vous remercier de votre honorable dédicace. Votre livre m'a « apporté à la fois du bonheur et de la gloire.

« Agréez, Monsieur, la nouvelle assurance de mes sentiments « affectueux et reconnaissants. »

VICTOR HUGO.

MARSEILLE. — Typ. et Lith. CAYER & Cie, rue Saint-Ferréol, 57.

www.ingramcontent.com/pod-product-compliance
Lightning Source LLC
LaVergne TN
LVHW052014160826
845678LV00003B/1046

* 9 7 8 2 3 2 9 6 4 2 3 0 7 *